AF278518

# DE LA FUSION

## ET DU

# CHOIX D'UN GOUVERNEMENT

PARIS

IMPRIMERIE DE GEORGES KUGELMANN

13, rue du Helder, 13.

1873

Les lignes qu'on va lire sont extraites d'une série d'articles que nous avons publiés dans la presse départementale (1). Depuis l'époque de cette publication, la question de la Fusion a, de nouveau, occupé l'opinion publique. On connaît l'incident La Rochefoucault-Bisaccia, la conversation que Mgr le duc de Nemours aurait eue avec le général de Maud'huy, la lettre rectificative du secrétaire du prince. Des interprétations diverses se sont produites : Quant à nous, nos appréciations sur cette question n'ont pas varié. Nous les résumons ainsi : Les princes d'Orléans, dans leur patriotisme, faisant abnégation de leurs intérêts personnels, et redoutant par-dessus tout de troubler le pays par des complications, déclarent qu'ils ne sont pas des prétendants à la couronne, qu'ils n'éléveront aucune compétition, que le représentant naturel de la monarchie est le chef de la Maison de Bourbon, et que, si la volonté du pays fait remonter Mgr le comte de Chambord au trône de ses pères, ils seront les premiers à se ranger sous sa bannière.

Ces hauts sentiments, on va le voir, nous les avons

_______

(1) *Mémorial d'Amiens,* et *Echo de la Haute-Marne des* 17,-25, 29 *octobre et* 2 *novembre* 1872.

supposés et prêtés aux princes d'Orléans avant cette déclaration.

Mais si la volonté du peuple français décernait de nouveau la couronne à la dynastie d'Orléans, nous ne pouvons croire que le chef de la branche cadette puisse ne pas accéder aux vœux du pays. Son patriotisme même lui ferait un devoir de reconnaître le principe de la souveraineté nationale et de s'incliner devant son arrêt.

La conclusion de la Fusion, c'est-à-dire le refus formel de Mgr le comte de Paris de prendre la couronne, quoiqu'il arrive, avant l'extinction de la branche aînée, serait, à notre sens, l'ajournement indéterminé des espérances des monarchistes, puisque ces espérances se concentreraient actuellement sur la tête du représentant de la monarchie bourbonnienne, dont l'impopularité, il faut l'avouer, empêche la restauration.

Ajoutons et répétons que la Fusion ne grossirait que dans de faibles proportions le parti légitimiste. Les Orléanistes, en effet, à l'exception de ceux qui sont dévoués, par sympathie ou par reconnaissance, à la personne des princes, ne les suivraient pas dans cette alliance, et n'accepteraient pas la monarchie de droit divin dont l'origine, les institutions, le programme, le drapeau, sont complétement opposés à ceux de la monarchie fondée en 1830.

B<sup>on</sup> VIDAL DE LÉRY.

# DE LA FUSION

## ET

## DU CHOIX D'UN GOUVERNEMENT

La Fusion. — Impossibilité de lui faire atteindre son but. — Nécessité de proclamer un Gouvernement définitif. Dangers du provisoire. — Aperçu général sur chaque régime politique. — Conclusion.

La question de la Fusion était entrée dans une phase de repos ; elle a été récemment remise à l'ordre du jour ; qu'il nous soit permis de faire sur ce sujet quelques réflexions.

Qu'est-ce que la Fusion ? Quel est son but ? Quels résultats peut-on en espérer ? Est-elle possible ? Voilà ce que nous nous proposons d'examiner succinctement ; et la solution que nous trouverons sera prise pour point de départ de quelques considérations politiques.

L'héritier du roi Louis-Philippe renoncerait pour le moment à toute espèce de prétentions au trône ; il s'inclinerait devant le roi légitime dont il reconnaîtrait les droits consacrés par des siècles ; il s'engagerait officiellement à n'accepter l'autorité suprême que le jour où le temps l'appellerait à gouverner comme héritier légitime et direct, lui-même, de la couronne. Les princes, ses parents, donneraient leur adhésion à cet acte. Mgr le comte de Chambord, ayant reçu ainsi la soumission des membres de sa famille, rentrerait dans son royaume à la tête des Enfants de France : les deux branches, unies par un puissant accord, animées de l'amour de la patrie, joindraient leurs efforts pour rendre à la France son ancienne prospérité, et les beaux jours des règnes de Henri IV et de Louis XIV se succéderaient, désormais, sans interruption, dans notre malheureux pays, régénéré, enfin, par un retour aux sentiments monarchiques, au droit divin, à la justice, à la légalité politique, aux seuls principes respectables et indispensables au bonheur des peuples. Voilà ce qu'est l'union projetée, voilà les effets que ses prôneurs en attendent. Ainsi donc, en admettant la possibilité de la Fusion, son utilité serait de produire l'unité monarchique. Les Légitimistes et les Orléanistes ne formeraient plus qu'un seul corps, dont le but serait de combattre la propagation des doctrines subversives, d'opposer une digue puissante aux progrès du radicalisme, de contrebalancer dans les élections les efforts des socialistes et des bonapartistes.

Certes, cette combinaison, si elle devait produire les

fruits qu'on en espère, offrirait une perspective séduisante, et réunirait bien des adeptes! Mais il convient de rechercher si les Fusionnistes ne sont pas dupes d'un mirage trompeur.

Nous voulons tout d'abord, malgré l'abnégation complète des princes en ce qui touche leurs personnes, nous rendre compte des avantages que retireraient de cette alliance, sous le rapport de leur intérêt particulier, les représentants des deux branches. Evidemment, si nous nous plaçons à ce point de vue, nous trouvons que Mgr le comte de Chambord seul en recevrait profit; il serait débarrassé d'une concurrence redoutable, de rivaux dangereux, et les chemins du trône lui seraient plus accessibles. Quant au chef de la Maison d'Orléans, que pourrait-il y gagner? Au plus, de se faire accepter, dès à présent, comme héritier présomptif, par les Royalistes, qui, à la mort de Henri V, le reconnaîtraient comme souverain légitime. Mais, en tous cas et sans la Fusion, la branche aînée venant à manquer, la branche cadette ne serait-elle pas seule apte à parvenir légitimement au Pouvoir? L'affirmative n'est pas douteuse. Il serait en effet, puéril de penser que les chefs légitimistes, plus royalistes que le roi, pussent porter leurs vues sur je ne sais quel descendant de Charles V, quel Bourbon d'Espagne, ou de Naples, ou de Parme, dont l'aïeul, par le traité d'Utrecht, a renoncé, pour régner dans une cour étrangère, à tous droits sur la couronne de France. Malgré leur antipathie pour l'arrière petit-fils de Philippe-Egalité, pour le petit-fils du *roi-citoyen*, ils seront forcés, sous peine de ridicule, de reconnaître comme légitime, en dépit de son origine de roi électif, le descendant du frère de Louis XIV, celui qui, resté Français et dans la plénitude de ses droits, est, de même que le duc de Bordeaux, directement issu de Saint-Louis et de Henri IV. La dynastie d'Orléans n'a donc aucun avantage à opérer la Fusion. Cette combinaison lui serait, au contraire, extrêmement préjudiciable. Elle lui aliénerait, en effet, un nombre considérable de ses partisans : ceux qui la soutiennent parce que la royauté qu'elle représente est assise sur d'autres bases, et suit une autre politique que la monarchie bourbonnienne, et elle lui interdit avant l'extinction de la branche aînée, tout accès à ce trône que les événements, la volonté nationale peuvent lui rendre d'un jour à l'autre. Mais ces considérations ne seraient pas de nature à empêcher cette alliance, si les princes d'Orléans, dans une généreuse illusion, la regardaient comme utile à la prospérité de la France. Prêts à tous sacrifices s'il s'agit du bien public, animés du plus pur patriotisme, aimant, avant tout, leur pays, bien qu'ils en aient été éloignés dès leur première jeunesse, ils sauraient, sans hésitation, renoncer, en faveur de la patrie, à leurs intérêts les plus directs. La Fusion peut donc être arrêtée entre les princes des deux branches. Supposons qu'elle le soit ; serait-elle faite pour cela quant à son but ? Nous sommes loin de le croire, et nous tirons notre conviction de l'hétérogénéité des éléments des deux partis. Le camp légitimiste se compose des débris de l'ancienne noblesse, qui comprennent des personnalités puissantes et honorables, des serviteurs dévoués, corps et biens, par reconnaissance, au représentant de cette monarchie séculaire sous laquelle se sont illustrés leurs aïeux ; du clergé ensuite ; puis des hobereaux de con-

trebande qui, par mode, par vanité, adoptent et patron-
nent les idées des grands seigneurs, croyant rehausser
ainsi l'éclat de leur blason de fraîche date, et suppléer
aux parchemins absents, et, enfin, de certains hommes
d'ordre, ennemis de toute révolution, persuadés que
du dogme de la légitimité seul peuvent découler le
calme et la sécurité, et qui, dans leur opiniâtreté, ne
veulent, en aucun cas, tenir compte de la souveraineté
populaire, qui, cependant, d'un souffle, fait et défait
les dynasties ; tous, du reste, n'admettant que la monarchie absolue, ne faisant aucune concession aux
idées qui sont en harmonie avec le caractère du pays
et les besoins de l'époque, et attribuant aux réformes
libérales tous nos cataclysmes politiques. D'un autre
côté, le parti orléaniste est formé par les sectateurs des
sages libertés et du gouvernement représentatif ; par
ceux qui trouvent imprudent de confier à un seul
homme leurs destinées ; par cette grande classe
moyenne qu'on appelle la bourgeoisie ; par les gens qui
sont parvenus par eux-mêmes et qui placent le mérite
personnel au-dessus d'une illustration de famille. Et
l'on veut que des éléments si disparates, si divers, si
opposés fusionnent entre eux ! On veut faire marcher à
l'unisson des individus en si complète discordance de
sentiments ! On veut que le partisan du droit populaire
devienne le partisan du droit divin ! Que le monar-
chiste constitutionnel et libéral se transforme en disci-
ple de la monarchie *pure !* On veut que le bourgeois
pense comme le gentilhomme, qu'il regarde comme
son ennemi personnel ! On veut trouver la même opinion chez l'homme, fils de ses œuvres, et celui qui ne
reconnaît que la supériorité de la naissance ! Ce sont

là des prétentions qui nous paraissent les plus grandes des utopies. Non, jamais, nous en sommes persuadé, les Orléanistes et les Royalistes, pris en masse, bien entendu, ne pourront s'accorder. Jamais ces adversaires politiques d'aujourd'hui ne se réuniront demain dans une élection, ne formeront une majorité invariable et constante dans un parlement. Les princes auront fait la Fusion, les chefs de parti et les amis personnels y auront adhéré; leurs partisans, eux, ne les suivront pas, et ne ratifieront pas par des actes les mesures prises en haut lieu; ils resteront ce qu'ils étaient : l'eau et le feu. Donc la Fusion ne sera pas opérée, en ce sens qu'elle sera stérile en résultats ; et si elle n'est pas impossible en fait, elle l'est complétement dans ses conséquences. On doit en conclure qu'elle ne nous donnerait aucune garantie de tranquillité, puisqu'elle ne contribuerait en rien à fermer l'ère des oppositions dynastiques et des révolutions.

*

Les monarchistes restant fatalement divisés, quatre partis en France espèrent le Pouvoir : les Légitimistes, les Orléanistes, les Bonapartistes, les Radicaux ou Jacobins. C'est avec intention que nous ne disons pas *Républicains* : en effet, les républicains modérés, les vrais amis de la CHOSE PUBLIQUE (*res publica*), forment à peine un dixième du parti soi disant républicain, qu'il serait plus logique de nommer la faction du désordre, puisque le reste se compose de radicaux. Radicaux ! terme impliquant l'idée de gens sans aveu, sans foi ni loi, de déclassés ne pouvant que gagner aux troubles révolutionnaires ; secte dirigée par des ambitieux effrénés exploitant les mauvaises passions; voulant tous, soldats et chefs, bouleverser l'ordre social : les premiers, pour déposséder ceux qui possèdent et donner pâture, au jour le jour, à leurs appétits matériels et grossiers ; les seconds, pour prendre une part du Pouvoir qu'ils condamnent chez les autres ; cent fois plus autoritaires, du reste, quand ils ont ce Pouvoir, que ceux dont ils critiquent le despotisme. Quant aux partisans de la république dite conservatrice, c'est-à-dire du gouvernement de M. Thiers, ils peuvent tout au plus, être qualifiés de *républicains de transition*, soutiens d'un régime aussi de transition. Après les malheurs inouïs qui ont frappé la France, un homme d'un prodigieux talent a été choisi pour diriger nos affaires, pour panser les plaies de la patrie agonisante; il a acquis, par ses actes et ses services, des droits incontestables à notre reconnaissance. Mais qui pourrait dire sérieusement qu'il a été élu député et Président par des républicains et pour fonder la république? Qui oserait nier d'autre part que nous sommes dans le provisoire dont un jour plus ou moins rapproché, il faudra nécessairement sortir, après avoir choisi un gouvernement définitif?... Quand nous arriverons à ce gouvernement, quel est celui des partis que nous avons cités qui triomphera? C'est là un question qui, à juste titre, préoccupe chacun au plus haut degré.

*<sub>*</sub>*

Ennemi des coups d'Etat, des surprises, des escamotages politiques, nous voudrions qu'un Pouvoir régulier statuât sur nos destinées et proclamât le régime politique qui convient le mieux à la France. Lorsque ce choix sera fait, on sera forcé de l'accepter, sous peine de faire acte de mauvais citoyen, puisqu'il sera l'expression de la volonté de la majorité du pays. Chacun des membres du grand parti conservateur l'adoptera sans arrière-pensée, quelles que soient ses préférences personnelles. Si Mgr le comte de Chambord est rappelé, tous les gens d'ordre devront admettre l'antique monarchie, et ils le feront; les princes d'Orléans, que la Fusion soit ou ne soit pas faite, seraient les premiers à se rallier, eux qui, récemment, auraient pu si facilement s'asseoir sur le trône, et qui ne l'ont pas voulu devant la crainte de troubler le pays ; eux qui, rentrés en France, y vivent en simples citoyens sans se poser en prétendants, bien que soutenus par un parti considérable, et qui regardent avec calme le Pouvoir aux mains de celui qui fut le serviteur de leur père, et qui doit tant au chef de leur dynastie ! De même, si la couronne est offerte à Mgr le comte de Paris, chacun devra le saluer du nom de roi. Si, enfin, on se décide pour la restauration bonapartiste ou l'affirmation de la république, nous serons forcés de nous résigner devant cet arrêt sans appel. Mais cette supposition est peu admissible, car, d'un côté, la nation, représentée par ses mandataires, ne voudra pas s'exposer presque sûrement à une nouvelle invasion : elle se souviendra qu'à trois reprises différentes un Napoléon a occupé le trône, et que trois fois l'étranger, à Paris, nous a dicté des lois : elle se souviendra que l'oncle et le neveu ont tous deux laissé la France moins grande qu'ils ne l'avaient prise. D'un autre côté, elle ne voudra pas davantage, en consolidant la République, poser le premier jalon du retour de la Commune.

***

Nous ne voyons nullement qu'il soit nécessaire d'attendre, pour établir un gouvernement définitif, la fin de l'occupation étrangère, puisque toutes les mesures sont prises pour le paiement de l'indemnité de guerre, et l'évacuation du territoire. En tout cas, ce serait le délai extrême; mais l'époque la meilleure serait la plus rapprochée, car chaque jour aggrave la situation. Nous sommes, en effet, sous le poids d'un malaise qu'on ne peut nier. La France est semblable au malade qu'un habile médecin aurait sauvé d'une crise presque mortelle, mais qui se consumerait dans un état de langueur que ce médecin, malgré tout son talent, serait impuissant à changer en une guérison complète. Ce malaise est la suite naturelle du provisoire dans lequel nous vivons et ne peut cesser qu'avec lui. Chacun trouve avec raison que le moment serait mal choisi pour ne pas se montrer soucieux du lendemain, pour se livrer, par exemple, à des entreprises industrielles dont les bénéfices sont soumis aux chances de l'avenir. Si le ciel est menaçant et gros de tempêtes, le navigateur n'attendra-t-il pas pour s'embarquer que les nuages se soient dissipés ? De même, les affaires ne reprendront leur marche, la confiance ne renaîtra que le jour où l'horizon politique se sera éclairci. Mieux vaudrait donc sortir du provisoire aujourd'hui que demain, et demain que plus tard.

M. Thiers soutient que la République conservatrice est, en pratique, le seul gouvernement possible, et qu'aucun homme sérieux ne peut songer à la restauration d'une dynastie quelconque. Eh bien ! il a le moyen de prouver l'infaillibilité de ses appréciations. Que son gouvernement soit *légalement* proclamé définitif et nous serons des premiers à l'accepter. Nous n'ignorons pas que les détracteurs du Président lui reprochent de travailler sourdement dans le but de se perpétuer au rang suprême ; nous ne pouvons admettre cette accusation. Ce serait trop faire injure à l'homme d'Etat, qui, peut-être, aurait dû suivre une autre voie, mais à qui, en tous cas, nous devons beaucoup, que de le supposer capable de mettre en balance ses intérêts personnels avec ceux du pays. M. Thiers a trop de patriotisme et trop de respect pour sa propre renommée pour agir comme un ambitieux vulgaire. Sa conviction est sincère, nous en sommes persuadé, quand il nie la possibilité du rétablissement de la royauté ; mais enfin s'il voit que l'établissement d'un régime définitif est le vœu du pays, il appuiera de sa légitime influence cette combinaison. Il y serait en tous cas entraîné par le courant du sentiment public. Son ambition, du reste, si grande qu'elle puisse être, doit être satisfaite au-delà de toutes ses espérances aujourd'hui qu'il est parvenu au faîte de la puissance. Il a bien mérité de la patrie : mais tout ce qu'il a pu faire, comme chef d'Etat provisoire, il l'a fait. Son rôle est terminé ; son œuvre est achevée, il ne lui reste plus qu'à la couronner en quittant le Pouvoir après avoir contribué à nous doter d'un gouvernement. Il n'a pas suivi l'exemple de Monk, mais il lui est encore donné d'imiter celui de Cincinnatus se dépouillant, sa tâche accomplie, de la souveraine puissance. S'il persistait, au contraire, à prolonger sa dictature alors que la période aigüe de la crise de l'Etat a cessé, le bien qu'il a fait serait effacé par le mal dont il serait cause.

*<sub></sub>*

Quand il s'agira de se prononcer pour l'établissement d'un régime définitif, les constituants devront, naturellement et avant tout, se demander quel est celui qui offre le plus de garanties pour la prospérité du pays. Le gouvernement qui convient le mieux à la France, qui présente le plus de chances de stabilité, est, selon nous, celui qui remplit les conditions suivantes : 1° contenter les aspirations libérales du pays ; 2° n'être pas exclusif et avoir des institutions et une politique telles que chaque classe de la société y trouve une satisfaction quelconque au moins à quelques-unes de ses idées : concilier, par conséquent, par un sage esprit de tolérance et de modération les différentes opinions de manière à avoir le plus d'adhérents et le moins d'adversaires possible. Or, ce régime, quel est-il ? Est-ce la monarchie légitime, ou celle de 1830 ? Est-ce le bonapartisme ou la république ? Pour résoudre cette question, il suffit de jeter un coup d'œil général sur les principes et les éléments qui servent de base à chacun de ces gouvernements, et sur la ligne de conduite qu'il est obligé de suivre, pour rester fidèle à ses traditions.

**

Nous mettons de suite la république hors de cause, cela pour plusieurs raisons. Le camp des républicains renferme : les modérés, les radicaux, et, si l'on veut, les Thiersistes; mais ces derniers, nous le répétons, ne sont républicains que provisoirement, et en attendant que les circonstances leur permettent de manifester et de soutenir leurs préférences. Les premiers sont trop peu nombreux, nous l'avons dit aussi, pour composer un parti; individualités honnêtes, pour la plupart, mais dont les rêves resteront à l'état d'utopie, dont les espérances seront toujours trompées par l'expérience. Aussi, l'aversion contre la République est devenue un sentiment national en France. Ce gouvernement n'a jamais pu et ne pourra jamais y être établi sans tourner, au bout de très-peu de temps, à la démagogie. Il a toujours engendré les catastrophes les plus terribles : la Terreur en 93, les journées de juin en 1848, la Commune en 1871. Chaque fois, il a pris naissance dans l'émeute, dans un bouleversement social, et jamais il n'est émané d'un Pouvoir régulier. D'un autre côté, notre histoire contemporaine nous prouve qu'aucun régime n'est aussi exclusif, aussi arbitraire, aussi peu tolérant que la république; et il est naturel qu'elle entraîne la tyrannie : le chef de l'Etat, n'étant pas de race royale, s'enivre plus facilement de sa puissance : il devient despote pour défendre sa situation contre les compétiteurs qui veulent la lui

ravir dans un champ ouvert à toutes les ambitions. Il
lui est d'autant plus loisible d'employer la violence,
qui détruit à la longue, s'il la juge nécessaire pour se
soustraire temporairement aux dangers qui l'entourent,
que l'hérédité du Pouvoir suprême n'existant pas, il
n'a point à se préoccuper d'assurer sa succession à sa
famille par la modération et la prudence qui conser-
vent. Il ne s'agit pas pour lui de fonder un système du-
rable ; il gouverne, pour ainsi dire, au jour le jour.
Quant au radicalisme qui, malheureusement, compte
de bien nombreux partisans, il peut triompher sans
doute, mais il n'est pas susceptible de former un gouvernement. Une faction qui a pour disciples ceux qui
préconisent le meurtre, l'incendie, le pillage, l'athéis-
me, ne peut remporter qu'une victoire éphémère,
et ne laisser après elle que ruines, calamités et désola-
tions.

Le république ne peut donc être en France un gouvernement sérieux ; et il faut chercher dans un autre
parti celui dont nous avons parlé.

*<br>* *

Nous ne sommes pas de ceux qui frappent un adver-
saire à terre, et nous savons respecter le malheur. Nous
ne voulons donc pas passer une revue rétrospective des
errements de l'empire depuis la phase de prospérité
qu'il a traversée jusqu'à la fin de l'époque où a com-
mencé cette série de fautes qui l'ont fait disparaître, et
qui nous ont poussés au bord des abîmes. Quelques
mots, du reste, suffisent pour résumer la politique et

le programme bonapartistes : s'appuyer sur les masses populaires, faire tous les sacrifices pour les contenter ; flatter leurs instincts révolutionnaires, les exciter contre les classes élevées : la noblesse et la haute bourgeoisie. Cette politique peut donc satisfaire le peuple, — ce mot pris dans son acception restreinte, — mais doit nécessairement irriter l'aristocratie et les classes opulentes  Nous croyons aussi que le clergé serait extrêmement hostile à la dynastie dont deux souverains pontifes ont eu tant à souffrir, et sous laquelle le pouvoir temporel du chef de l'Eglise a cessé d'exister. Quant à l'armée, elle ne peut oublier la honte de Metz et de Sedan, et la façon dont elle a été organisée et pourvue pendant la funeste campagne qui a eu pour dénouement la mutilation de la France. De plus, pour être logique avec son origine, l'Empire doit être autoritaire et absolu : le jeter dans le parlementarisme est le détourner de sa source. Ces considérations prouvent surabondamment que le gouvernement impérialiste n'a pas le caractère libéral, non exclusif et de conciliation indispensable pour être accepté par la majorité des Français.

*<sub>*</sub>*

Certes, le principe de la légitimité mérite tous les respects. Le droit divin, conséquence du dogme religieux, a une force si grande qu'elle a suffi pour maintenir pendant huit siècles la couronne de Saint-Louis comme apanage de la même famille. L'héritier de cette couronne, Mgr le comte de Chambord, sera une des grandes figures du XIX<sup>e</sup> siècle. La noblesse de ses sentiments, l'élévation de son caractère, son attitude pleine de fermeté et de dignité devant le malheur et sur la terre étrangère ne peuvent qu'inspirer déférence et admiration. Mais, enfin, il faut, en pratique, se soumettre aux exigences de son temps, donner satisfaction aux besoins de l'époque. La France veut des institutions politiques et sociales basées sur le libéralisme, et tout gouvernement qui les lui refusera est condamné à disparaître sous le souffle révolutionnaire, comme le grain de sable dans la tourmente. Or, la royauté de droit divin est incompatible en fait et en théorie avec un régime réellement libéral. Supposons une monarchie libérale, constitutionnelle. Nous verrons, comme sous les règnes de Louis XVIII et de Charles X, les classes autrefois privilégiées s'efforcer de regagner peu à peu ce qu'elles ont perdu, de reconquérir leurs anciennes prérogatives, tandis que les hommes du mouvement agiront sans relâche pour obtenir chaque jour des libertés nouvelles. Le souverain, en proie aux tiraillements, impuissant à répondre aux désirs de chacun, à résister aux libéraux qui le pousseront dans sa marche progressive, et aux réactionnaires qui regarderont comme un danger tout ce qui n'est pas arbitraire, sera fatalement destiné à être un jour débordé, ou, s'il résiste, anéanti. Il se soutiendra cependant plus longtemps s'il ne s'écarte pas de ses principes absolus. Sans la *charte constitutionnelle*, le gouvernement des Bourbons n'aurait peut-être pas été renversé en 1815. De même, qu'on nous permette ce rapprochement sinon cette comparaison, lorsque les Etats de l'Eglise ressentirent le contre-coup de la révolution de 1848, le Saint-Père, fugitif, put se dire avec raison, sur la route de Gaëte, que la cause de ce bouleversement était dans les réformes dont il avait voulu doter ses sujets dès qu'il ceignit la tiare. Un roi de droit divin ne peut donc, sans péril, donner raison au parti libéral ; nous ajouterons qu'il ne le doit pas. Louis XIV, faisant allusion au parlement d'Angleterre, regardait comme « la dernière calamité que pût endurer un souverain, l'assujétissement qui le mettait dans la nécessité de prendre la loi de ses peuples » (1) Il disait aussi au Dauphin : « Dans la place qui vous attend après moi, vous ne pouvez sans honte être conduit par d'autres lumières que celles qui vous viennent de Dieu. » (2) Et, en parlant ainsi, celui qui caractérisait sa royauté par ces cinq mots : « l'Etat, c'est moi, » était conséquent avec la source d'où il procédait. Si le roi de droit divin laissait amoindrir par des sacrifices l'autorité royale, s'il ne sauvegardait pas intacte, inaliénée et inaliénable la couronne qu'il tient de Dieu et de son droit, mais dont il n'est que dépositaire jusqu'au jour où il la transmet à son successeur, il saperait dans leur base les principes fondamentaux qui seuls lui servent d'appui. Le roi légitime sera donc toujours le représentant de la monarchie pure et absolue. Obligé alors de consacrer souvent des mesures contraires à l'égalité, de gouverner avec un esprit d'exclusion, il ne pourra contenter que son parti. La noblesse, le clergé, certaines individualités seront satisfaits ; mais la bourgeoisie, l'armée, le peuple, formeront un camp de mé-

(1) *Instructions au Dauphin*, tome II, page 20.
(2) *Idem*, page 81.

contents, en discorde complète avec le gouvernement.

Nous ne trouvons donc pas encore dans ce régime les qualités que nous cherchons.

***

Ainsi, d'un autre côté, il faut à la France des institutions empreintes d'un sage esprit de libéralisme ; d'un autre côté, la royauté de droit divin est impuissante à les lui octroyer. Nous avons exposé les raisons qui nous ont fait écarter, comme trop exclusifs, autoritaires et antipathiques, les régimes bonapartiste et républicain. La monarchie de 1830, représentée par Mgr le comte de Paris, peut donc seule, aujourd'hui, nous donner un gouvernement régulier et libre à la fois, soutenu et contrôlé sérieusement, ayant les meilleures chances de durée. Issue de la volonté nationale, et, par conséquent, pouvant agir suivant cette volonté sans mentir à son origine, elle seule représente le système sincèrement constitutionnel demandé par le pays. Oui, une royauté élective dans le principe, héréditaire ensuite, qui, sans être en contradiction avec son essence, et sans s'exposer à être ou débordée ou renversée, suivra l'esprit et les exigences de notre siècle, voilà ce que la nation doit envier. Un roi, défenseur des libertés publiques, dont le pouvoir sera tempéré par la puissance parlementaire, avec des ministres responsables et une constitution toujours perfectible, gouvernant, au-dessus et en dehors des partis, suivant les lois faites pour tous, au nom de tous, par les représentants de tous ; dont les actes libéraux ne seront pas des *concessions*, mais l'exercice d'une politique naturelle, et pour lequel une charte constitutionnelle *ne sera pas un mot*, voilà ce qu'il faut au pays, s'il veut être ramené dans « ces voies d'équité, de sagesse, de morale publique et de respect de tous les droits, qui peuvent seules donner à un gouvernement la force nécessaire pour comprimer les passions hostiles et rétablir la confiance par la garantie de sa stabilité. » (1)

Ce roi aura aussi sa légitimité : celle dont la volonté de ses sujets lui aura imprimé le sceau. Il règnera par la grâce de Dieu, manifestée par la souveraineté nationale. (*Vox populi, vox Dei.*) C'est cette souveraineté dont Louis-le-Bègue et Robert se glorifiaient lorsque, parlant de leur Pouvoir, ils disaient, le premier : *Misericordia Domini et electione populi rex constitutus* (2). Et le second : *Quoniam divina propitiante clementia nos Gallica liberalitas ad regni provexit fastigia* (3). C'est cette souveraineté dont le roi Louis XV, lui-même, reconnaissait la puissance quand il déclarait officiellement que « dans le cas d'extension de la Maison régnante, le « droit de déléguer la royauté appartenait incontesta- « blement au peuple et non au prince. » (4)

Outre cet avantage, si réel aujourd'hui, d'avoir une

_______________

(1) Passage du testament du roi Louis-Philippe.

(2) *Capit.* de Baluze, tit. II, 273.

(3) *Gallia christiana*, t. X. Coll. 243 des *Preuves.*

(4) Edit du roi du mois de juillet 1717, relatif aux princes légitimés, enregistré au Parlement.

source nationale et d'être réellement libérale , la monarchie de juillet nous offre les autres garanties et conditions que nous avons jugées nécessaires au régime qui devrait réunir les préférences. Ce gouvernement, aussi peu exclusif que possible, donne une satisfaction quelconque à toutes les classes : chacun y trouve un point en rapport avec ses opinions.

Les Républicains jouiront du gouvernement du pays par le pays et de la liberté avec une monarchie, ce qu'ils doivent préférer au despotisme avec la République.

La bourgeoisie, les classes moyennes qui font la force de la société, auront leurs aspirations complètement satisfaites ; leur programme sera suivi à la lettre : développement des principes libéraux allié à la compression de l'esprit révolutionnaire.

L'aristocratie et les personnes qui ont des tendances vers la légitimité verront, au moins, une monarchie héréditaire, représentée par un prince issu du sang de nos anciens rois, et héritier légitime , éventuel, de la couronne.

Les enthousiastes du nom de Napoléon et de la légende du petit chapeau penseront que c'est au chef de la dynastie régnante qu'ils doivent d'avoir contemplé, depuis 1834 jusqu'à la Commune de 1871, la statue du grand homme sur son piédestal de triomphateur. Ils songeront que si le dernier vœu de l'empereur mourant à Sainte-Hélène a été exaucé, que « si ses cendres reposent sur les bords de la Seine», c'est le roi Louis-Philippe qui en est la cause.

L'armée retrouvera à sa tête des princes qui ont jadis, et récemment encore, partagé ses périls et sa gloire ; qui ont fraternisé avec le soldat et dormi sous la tente :

les noms de ces princes réveilleront dans ses souvenirs les noms d'Anvers, de Constantine, de Saint-Jean d'Ulloa, de Mouzaïa, de Tanger et de Mogador.

Le clergé se consolera de ne pas avoir le monarque de son choix, en voyant le trône entouré par une famille honorant la religion et la saine morale, et ayant toujours offert l'exemple de toutes les vertus publiques et privées...

Ceux, enfin, à qui il sera donné d'approcher cette famille seront accueillis avec grâce, simplicité et affabilité, avec cette véritable grandeur dont parle La Bruyère (1). « Cette grandeur libre, douce, familière, populaire, qui se laisse toucher et manier, qui ne perd rien à être vue de près, qui se courbe avec bonté vers les inférieurs,... qui inspire le respect et la confiance, et fait que les princes nous paraissent grands, et très grands, sans nous faire sentir que nous sommes petits. »

(1) *Les Caractères*. ch. II.

www.ingramcontent.com/pod-product-compliance
Lightning Source LLC
Chambersburg PA
CBHW061712050726
47598CB00004B/1795